www.sachildrensbooks.com
Copyright©2015 by Inna Nusinsky Shmuilov
innans@gmail.com

All rights reserved. No part of this book may be reproduced in any form or by any electronic or mechanical means, including information storage and retrieval systems, without written permission from the publisher or author, except in the case of a reviewer, who may quote brief passages embodied in critical articles or in a review.

Todos los derechos reservados. Ninguna parte de este libro se puede utilizar o reproducir de cualquier forma sin el permiso escrito y firmado de la autora, excepto en el caso de citas breves incluidas en reseñas o artículos críticos.

First edition, 2016

Boxer and Brandon (Spanish Bilingual Edition)
ISBN: 978-1-77268-640-1 paperback
ISBN: 978-1-77268-641-8 hardcover
ISBN: 978-1-77268-639-5 eBook

Although the author and the publisher have made every effort to ensure the accuracy and completeness of information contained in this book, we assume no responsibility for errors , inaccuracies, omission, inconsistency, or consequences from such information.

Please note that the Spanish and English versions of the story have been written to be as close as possible. However, in some cases they differ in order to accommodate nuances and fluidity of each language.

Created by Inna Nusinsky
Creado por Inna Nusinsky

Illustrations by Gillian Tolentino
Ilustraciones de Gillian Tolentino
Translated from English by Laia Herrera Guardiola
Traducido del inglés por Laia Herrera Guardiola

Hello, my name is Boxer. I'm a boxer. I'm a type of dog called a boxer. Nice to meet you! This is the story of how I got my new family.

Hola, me llamo Boxer. Soy un boxer. Un tipo de perro llamado boxer. ¡Encantado de conocerte! Esta es la historia sobre cómo conseguí mi nueva familia.

It all started when I was two years old.
Todo empezó cuando yo tenía dos años.

I was homeless. I lived on the street and ate out of garbage cans. People got pretty mad at me when I knocked over their trash cans.
No tenía casa. Vivía en la calle y comía de la basura. La gente se enfadaba bastante conmigo cuando volcaba sus cubos de basura.

"Get out of here!" they would shout. Sometimes I had to run away really fast!
—¡Vete de aquí!—, me gritaban. ¡A veces tenía que escaparme muy deprisa!

Living in the city can be hard.
Vivir en la ciudad puede ser duro.

When I wasn't looking for food, I liked to sit and watch people walk by on the sidewalk.

Cuando no estaba buscando comida, me gustaba estar sentado y mirar a la gente caminar por la acera.

Sometimes, I would look at people with my sad eyes and they would give me food.

A veces miraba a la gente con ojos tristes y ellos me daban comida.

"Oh, what a cute doggy! Here, have a snack," they would say.

—Oh, ¡qué perrito más mono! Aquí, toma un bocado—, me decían.

One day, a little boy and his dad were walking toward me.

Un día, un niño y su papá caminaban hacia mí.

"How's that butter and jelly sandwich, Brandon?" asked the boy's dad.

—¿Cómo está ese bocadillo de mantequilla y mermelada, Brandon?—, preguntó el papá del niño.

"Brandon, don't feed that dog! He'll just come looking for more," exclaimed his dad. Brandon pulled the sandwich back.

—¡Brandon, no des de comer a ese perro! Él vendrá en busca de más—, exclamó su papá. Brandon apartó el bocadillo.

So close—I could smell the butter! Parents never want to share with me!

Casi…¡Pude oler la mantequilla! ¡Los padres nunca quieren compartir conmigo!

I whined as pitifully as I could as they walked away.

Yo gemí de la forma más triste que pude mientras ellos se alejaban.

After that, I decided to take a nap. I was having a wonderful dream.

Después de eso, decidí echarme una siesta. Estaba teniendo un sueño fantástico.

I was in a park and everything was made from meat! The trees were steaks! It was the best dream ever.

Estaba en un parque y ¡Todo estaba hecho de comida! ¡Había árboles bistec! Fue el mejor sueño que nunca había tenido.

Something woke me up, though. Right in front of me was a piece of a sandwich! I jumped to my feet and gobbled it down.

Pero algo me hizo despertar. ¡Justo delante de mí había un trozo de bocadillo! Me puse de pie y lo engullí.

Mmmmm! It was so good! Just like my dream.

¡Mmmmm! ¡Estaba riquísimo! Justo como en mi sueño.

"Shhh," said Brandon. "Don't tell Dad." *What a nice little boy*, I thought to myself.

—Chss—, dijo Brandon. —No se lo cuentes a Papá. Que niño tan majo, pensé para mí mismo.

Day after day, Brandon would come visit me and give me a snack. Then, one day…

Día tras día, Brandon vendría a visitarme y a darme un bocado. Hasta que un día…

"Hurry up, Brandon. You'll be late for school," said Brandon's dad.

—Date prisa, Brandon. Llegarás tarde a la escuela—, dijo el papá de Brandon.

"I'm coming!" shouted Brandon as he ran past, dropping a brown bag on the sidewalk.

—¡Ya vengo!—, gritó Brandon mientras corría y dejaba caer una bolsa marrón en la acera.

Sniffing around, I walked up to it and looked inside. It was full of food!

Me acerqué husmeando a la bolsa y miré dentro. ¡Estaba llena de comida!

I was just about to eat it all when I thought of something. *Brandon always brings me food when I'm hungry. If I eat his food, then he'll be hungry.*

Estaba a punto de comérmelo todo cuando pensé en algo. Brandon siempre me trae comida cuando tengo hambre. Si me como su almuerzo, entonces él tendrá hambre.

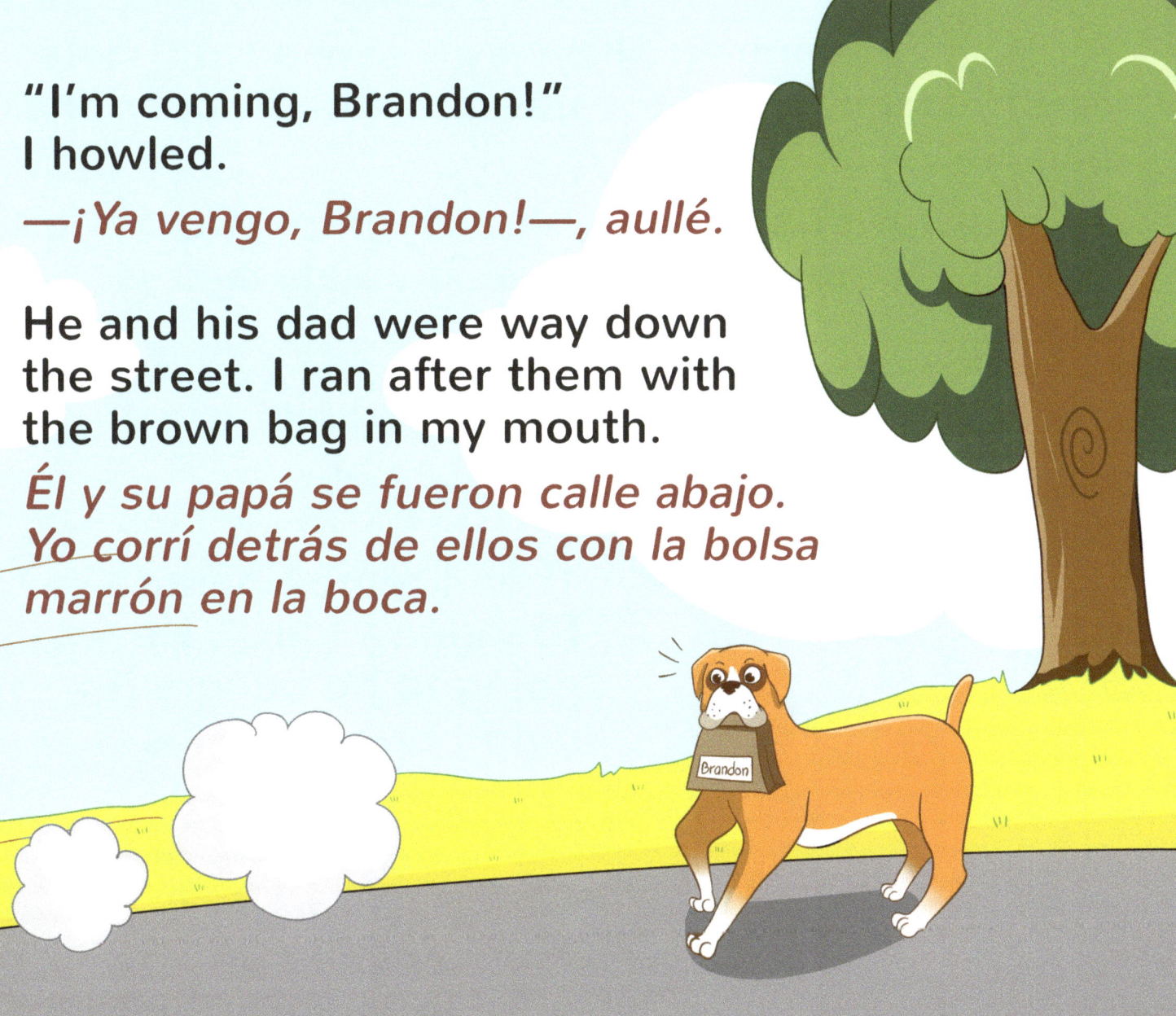

"I'm coming, Brandon!" I howled.

—¡Ya vengo, Brandon!—, aullé.

He and his dad were way down the street. I ran after them with the brown bag in my mouth.

Él y su papá se fueron calle abajo. Yo corrí detrás de ellos con la bolsa marrón en la boca.

As I was passing an alleyway, I saw a cat. I hate cats! I forgot about my mission and dropped the bag.

Al pasar por un callejón, vi a un gato. ¡Odio a los gatos! Me olvidé de mi misión y dejé caer la bolsa.

"*Bark*, get out of here, cat!" I barked.

—*¡Guau, vete de aquí, gato!—, ladré.*

Then I remembered Brandon's lunch. He was going to be hungry if I didn't bring him his lunch!

Entonces me acordé de la comida de Brandon. ¡Tendría hambre si yo no le llevaba su almuerzo!

It was hard, but I forgot about the cat. I picked up the brown bag again and started running.

Fue duro, pero me olvidé del gato. Recogí la bolsa marrón de nuevo y empecé a correr.

Further down the street, I stopped again. A butcher shop!

Más abajo de la calle, me detuve de nuevo. ¡Una carnicería!

There were pieces of meat and sausages hanging everywhere. *Mmmmm...*

Había trozos de carne y salchichas colgando por todas partes. Mmmmm...

Wait! I had to bring Brandon his lunch or he was going to be hungry!

¡Un momento! ¡Tenía que llevar a Brandon su almuerzo o iba a tener hambre!

It was hard, but I forgot about the meat. I grabbed the lunch and started running again.

Fue duro, pero me olvidé de la comida. Cogí el almuerzo y empecé a correr de nuevo.

I turned a corner and stopped. There was another dog wagging his tail.

Giré en una esquina y me detuve. Había otro perro moviendo la cola.

"Hi, want to play?" he woofed.

—Hola, ¿quieres jugar?—, ladró.

"I sure do!" I answered. "Oh, wait, I can't right now. I have to bring Brandon his lunch."

—¡Claro que sí!—, contesté. —Oh, espera, justo ahora no puedo. Tengo que llevar a Brandon su almuerzo.

It was hard, but I forgot about playing. I grabbed the lunch and started running again.

Fue duro, pero me olvidé de jugar. Cogí el almuerzo y empecé a correr de nuevo.

I could see the school—and there was Brandon with his dad! I ran as fast as I could.

Podía ver la escuela, y ¡ahí estaba Brandon con su papá! Corrí tan deprisa como pude.

Stopping in front of Brandon, I dropped his lunch bag on the sidewalk. Just in time!

Me detuve en frente de Brandon y dejé caer la bolsa del almuerzo cen la acera. ¡Justo a tiempo!

"Look, Dad, he brought my lunch!" exclaimed Brandon.

—Mira, papá, ha traído mi almuerzo!—, exclamó Brandon.

"Wow, he sure did. That's amazing!" said his dad. They both patted me on the head.

—¡Vaya, claro que sí. ¡Eso es increíble!—, dijo su papá. Los dos me dieron palmaditas en la cabeza.

Brandon was happy and so was his dad.

Brandon estaba contento y también lo estaba su papá.

In fact, his dad was so happy that he brought me home. He gave me a bath. He gave me food!

De hecho, su papá estaba tan contento que me llevó a casa. Me dio un baño. ¡Me dio comida!

Now when Brandon and his dad go walking, I get to walk with them. And when they go home, I get to go home with them!

Ahora cuando Brandon y su papá salen a pasear, yo camino a su lado. Y cuando van a casa, ¡yo voy a casa con ellos!

I love my new home and my new family!

¡Me gusta mi nueva casa y quiero a mi nueva familia!

www.ingramcontent.com/pod-product-compliance
Lightning Source LLC
Chambersburg PA
CBHW051302110526
44589CB00025B/2921